ADMIRATIO

Christina Goh

ADMIRATIO

Petit registre tenu pour l'émerveillement

© 2021 Christina Goh

Éditeur : BoD-Books on Demand
12-14 rond-point des Champs-Élysées, 75008 Paris
Impression : Books on Demand, Norderstedt, Allemagne

ISBN : 9782322216710
Dépôt légal : Février 2021

« Registre : cahier sur lequel on note des faits, des noms, des chiffres dont on veut garder le souvenir… »

(Le Petit Robert, 2006)

« L'écrivain n'a pas seul le privilège des belles imaginations et des hautes pensées. Parmi cette foule qui s'achemine silencieusement à la mort, combien auraient pu étonner le monde par la profondeur de leurs vues et les merveilles de leurs conceptions ! Une occasion leur a manqué, et les voilà dévolus à l'oubli. »

Louise Ackermann (1813 – 1890), Pensées d'une solitaire (1903)

« L'oubli est le plus sincère de tous les pardons. »

Anne Barratin (1832 – 1915) ; Chemin faisant (1894)

NOTE 1 / CADRE

**A l'atmosphère…
Elle filtre les entrées et les sorties.**

POINT DE SITUATION 2021

J'ai choisi d'admirer.
Ce fut une longue discussion intérieure :

« Dans ce XXIème siècle où règnent le coaching et le développement personnel, il vaut mieux être suivi que suiveur. Leader, but ultime ; et les aspirants suivent consciencieusement et provisoirement les consignes pour pouvoir un jour régner, « briller », à leur tour. C'est une promesse. Le mentor lui-même ne le sait-il pas ? Et bien souvent, après avoir déconstruit et soumis l'aspirant volontaire aux affres de sa propre méconnaissance, il appuie sur le bouton de fabrication des répliques. Ce processus est une usine de contrefaçons de ce que pourrait être l'individu, trop inquiet pour sa vie, pour réaliser le procédé, devenu cible privilégiée de toute personnalité ou structure vénales, charismatiques *en apparence*.
Mais pourrait-il en être autrement ? Car aujourd'hui, il faudrait surtout faire envie ou pitié, terrasser ou implorer, dans le but subjectif de mieux exister. Dans ces deux cas, vous serez plus sûrement aidés à coup de placements de produits ou de cagnottes… Dans ce cadre des extrêmes, la

mesure dans l'attitude n'est pas populaire, et s'inscrire dans une humble régularité serait mauvais pour vos affaires : elle donnerait l'impression que *vous pouvez vous en sortir en toute simplicité*. L'attention se détournerait aussitôt : ni euphorie des sommets et l'envie démesurée qu'elle pourrait susciter, ni détresse débordante et la prise en main ostensible ou médiatique qu'elle nécessiterait, aucun intérêt. Celui qui semble suivre sa course, sachant donc d'où il vient et où il va, se contentant de respecter autrui sur le chemin, *est invisible*. Lui ne comptant guère, que vaudrait d'ailleurs son admiration ? Ce dernier mot ayant pris un tout autre sens que son étymologie, « admiratio », en latin, « étonnement », ne l'aurait supposé.

Admirer, certes… Pour quoi ? Et non « pourquoi ».
Y aurait-il un retour d'ascenseur ? Ou peut-être l'occasion d'afficher son engouement pour mieux communiquer en termes de marketing (dis-moi qui tu sembles estimer, je te dirai qui tu es) ? Dans d'autres cas, l'admirateur est perçu comme une groupie ou encore un lobotomisé du système, fasciné par une « matière » trop idéalisée pour être honnête… Bref, à quoi bon de toute façon, exprimer un quelconque saisissement pour qui ou quoi que ce soit à l'ère des filtres d'applications et des escrocs à grande échelle ? Quant à l'admiré humain, s'il a eu vent d'un emballement, il lui est devenu impossible ou difficile de croire en une exaltation sincère… Ainsi, se décline la sagesse du

XXIème siècle, devenue une dérision et une défiance brutales appelées « maturité ». Dans ce monde blasé, la beauté est désormais un produit, l'intelligence, un slogan communautaire... Un mode de vie, celui de l'enthousiasme et de la joie exprimée, délicate et mystérieuse, qu'il procure, est-il tranquillement en voie de disparition ? Une énigme devenue désuète : le simple émerveillement. Un miracle discret du quotidien, une ressource sur le chemin…

Retrouver et préserver cette disposition impliquaient un risque. Celui d'être considéré comme « enfant » dans son sens le plus péjoratif, d'être réduit au stade du candide, de devenir celui ou celle qui regarde « d'en bas ». Préjugés… »

J'ai choisi d'admirer.
Ce fut une longue discussion intérieure.

Tristesse ?

La tristesse m'a prise dans ses bras
Douce, ardente, chaleureuse étreinte
Comme dans un bain tiède soyeux
Comme une caresse de lumière
Elle m'a murmuré sa complainte

Apaise ton cœur déchiré en pleurant
Chaque goutte d'eau est un don
Trace de ta gratitude oubliée
Trace de terreurs délaissées
La tristesse a hurlé avec moi

Ô désarroi ! Horrible, horrible tourment !
Le poison du dard si profond en moi
Pourquoi le mystère et l'impuissance ?
Pourquoi Sinistre gagnes-tu nos vies ?
Puis elle m'a montré son côté broyé

J'ai souffert avec toi mais tu n'es pas à mon image
Souviens-toi de moi, ma tendresse, mon silence
Je suis la dévouée qui hâte le retour de la lumière
Je suis la cicatrice, victoire exhibée en plein jour

Et mon cœur ne saignait plus, je l'ai trouvée
Belle. La tristesse m'a souri

Avant de s'en aller. Elle a chuchoté
Tu m'as vue...

Admiratio

Je veux m'étonner encore et encore
Non me perdre, ni m'oublier
Reconnaître dans le détail l'infini, m'incliner
Puis me relever, comblée, la flamme vivifiée
Mon regard pour l'admiration
Ma force par l'idoine[1] inspiration
Nos vies sont témoins !

---

[1] Qui convient parfaitement, approprié, selon le dictionnaire Le Robert.

NOTE 2 / SENS

**Au peuple de la matière
A la porte enchantée des sens**

LA VERVE [2]

Je me revois encore, adolescente, assise devant cet écran, fascinée, devant Kenneth Branagh [3] déclamant. Oh ce monologue ! Henry V et son discours de la Saint-Crépin…

Qui a dit que porter les pièces de Shakespeare au cinéma était un sacrilège ? Sans Franco Zefirelli [4], sans Branagh, aurai-je eu une chance de voir vivre les mots du dramaturge ? Peut-être, mais au début des années 90, le théâtre anglais du XVIème siècle n'étant pas interprété sur scène à Abidjan, Internet n'existant pas encore en Côte d'Ivoire, en Afrique de l'Ouest où j'ai grandi, cela allait être difficile… Entre deux plats d'allocos [5], j'ai pu vibrer devant des personnages que je n'aurai jamais pu écouter autrement. Et ces films m'ont donné envie de lire tout ce que je pouvais trouver : Hamlet, Othello, Mac Beth, le sanglant Roméo et Juliette… Mais le monologue de Henry V avait eu une place toute spéciale : il toucha, dès les premiers mots entendus via l'écran, le plus

---

[2] Inspiration, imagination créatrice selon Le Larousse.
[3] Réalisateur et acteur britannique d'origine irlandaise.
[4] Réalisateur, scénariste et producteur italien.
[5] Bananes plantain frites.

profond de mon être. Ce texte me marqua à tel point que je commémorai le jour de la Saint-Crépin évoqué dans le passage pendant de nombreuses années ! Peu m'importait que nul ne le fêta avec moi. J'achetais consciencieusement un petit gâteau pour fêter le courage et l'unité chaque an, au jour calendaire de la Saint-Crépin et rien à voir avec le Saint[6] dont j'ignorais tout ! Et peu m'importait que, selon les faits historiques, le roi Henry V n'ait jamais prononcé ce discours !

De ce passage dudit Shakespeare, j'admirais chaque mot, chaque silence, chaque écho. Et à chaque fois, j'y puisais la force pour y croire encore, à la lutte pour ma propre vie. A l'exaltation possible ! A la bravoure !
Célébrer l'écriture de ces vers, c'était honorer la plume et l'inspiration quand ils transforment l'espace, vous propulsent dans le temps de l'auteur et manifestent l'imaginaire. La force de cet écrit originellement publié en Angleterre par un dramaturge d'une autre époque (XVIème siècle) sur un fait plus lointain encore… Mais ces mots ! Si parfaitement agencés au point de me faire ressentir dans ce centenaire, au plus profond de moi, la nécessité du courage… Car chacun n'a-t-il pas sa bataille personnelle à mener ?

---

[6] Saint-Crépin, patron des bottiers, cordonnier romain établi à Soissons, connu pour sa maîtrise et qui concevait gratuitement des chaussures pour les pauvres en compagnie de son frère Crépinien.

Où puiser des forces quand on voit ses proches en difficulté et dans la lutte quotidienne, quand, à 13 ans, on se demande sa raison d'être sur cette terre ? Quand on est impuissant à consoler ceux qu'on aime, quand on ne dispose pas des réponses devant la violence, l'injustice, la douleur, ressenties pourtant de plein fouet mais sans le droit de comprendre ? L'adolescent est un soldat sur un terrain de bataille et les officiers responsables veulent en ignorer les terreurs... Le monologue de Henry V de Shakespeare m'a donné des frères d'armes :

« Ce jour est appelé la fête de saint Crépin : celui qui aura survécu à cette journée et sera rentré chez lui sain et sauf se redressera sur ses talons chaque fois qu'on parlera de ce jour, et se grandira au seul nom de saint Crépin. Celui qui aura vu cette journée et atteint un grand âge, chaque année, à la veille de cette fête, traitera ses amis et dira : *C'est demain la Saint-Crépin !*
Alors, il retroussera sa manche, montrera ses cicatrices et dira : *J'ai gagné ces blessures le jour de saint Crépin !*
Le vieillard oublie; mais il aura tout oublié qu'il se rappellera encore avec emphase ses exploits dans cette journée. Alors nos noms, familiers à toutes les bouches comme des mots de ménage, le roi Henry, Bedford, Exeter, Warwick, Talbot, Salisbury et Gloucester, retentiront fraîchement au choc des coupes écumantes.
Le bonhomme apprendra cette histoire à son fils. Et la Saint-Crépin ne reviendra jamais,

d'aujourd'hui à la fin du monde, sans qu'on se souvienne de nous, de notre petite bande, de notre heureuse petite bande de frères !
Car celui qui aujourd'hui versera son sang avec moi sera mon frère ; si vile que soit sa condition, ce jour l'anoblira.
Et les gentilshommes aujourd'hui dans leur lit en Angleterre regarderont comme une malédiction de ne pas s'être trouvés ici, et feront bon marché de leur noblesse, quand ils entendront parler de ceux qui auront combattu avec nous au jour de la Saint-Crépin ! »
Henry V, Acte IV, scène III, William Shakespeare, (1564-1616). Traduction Victor Hugo (1802-1885).

Je ne fermerai pas les yeux

Je ne fermerai pas les yeux,
Pour m'endormir en pleurant
Dans une trouble frénésie, épuisée
Incomprise, hagarde et submergée

Car ami, je vois toujours ton regard
Et je sais que tu entends ma voix :

Nous nous emploierons plutôt avec soin
A graver en nous de l'être aimé
Chacun des précieux traits, sans omettre
Le moindre détail, veux-tu ?

Nous aimerons même les craintes rides,
Les cicatrices et leur étrange beauté
Emportons le reflet de la lumière des larmes
Des yeux océans, d'où surgissent
Fascinants et vifs arcs de la terre au ciel
Ponts de victoire des âmes en couleurs
Eclats, étincelle des rires qui nous inondent
Toujours. Etoiles au-dessus des forêts
Inconnues, espoir des lucioles mutines,
Projecteurs petits et grands de nos vies...

Non, je ne détournerai pas le regard
De notre précieux même si tourmenté
Monde, fût-il en plein Covid-19
La vie est déjà le rêve
Le masque révèle nos yeux
Puissent-ils briller toujours !

ENTENDRE PAR LA BOUCHE

« Nos modèles montrent comment la conduction osseuse renforcée par le rôle de résonance de la bouche permet à ces grenouilles apparemment sourdes de communiquer efficacement sans oreille moyenne. »
Annales de l'Académie américaine des Sciences. "How minute sooglossid frogs hear without a middle ear"; PNAS. Publication du 3 September 2013.

Fallait-il qu'elle existe !

Chez les batraciens en général, les ondes sonores font vibrer le tympan, qui passe ensuite le message à l'oreille interne via les osselets, avant que les signaux électriques ne soient acheminés au cerveau. La grenouille de Gardiner, elle, n'a ni tympan, ni oreille interne. Elle entend grâce à sa bouche qui agit comme un amplificateur des fréquences. Pour faciliter la transmission du son, l'épaisseur des tissus mous et osseux entre son oreille interne et sa bouche se réduit quand cela est nécessaire… *Oui, elle entend (capte les vibrations) par sa bouche !*

En tant que vocaliste, je suis en admiration absolue devant cette petite grenouille de moins de un centimètre !
Sa cavité buccale et son rôle de résonnance sont symboliques à bien des égards car c'est toujours ainsi que j'ai envisagé le fait de chanter ! Ces émotions et sensations auxquelles renvoient chaque mot des chansons, chaque note instrumentale, ou encore, ces frémissements dans le public, sont des fréquences que je perçois de manière indicible en studio ou sur scène. Ces émotions même infimes sont traduites aussitôt en vibrations qui grondent (graves) ou sifflent (aigus) en utilisant mes organes, ainsi les transmet ma voix qui interprète ou improvise...

Improviser en chantant. Composer sur-le-champ et sans préparation. Se jeter dans le vide et sans filet. Transcender la tétanie, les appréhensions et entendre ce que l'on produit au fur et à mesure : réponses immédiates à l'environnement ; percevoir, traiter, en un instant. Et chaque jour de cette vie aura contribué à ce moment précis, préparation consciente et inconsciente : entends-tu ? Maîtrises-tu ta voix ? Te sens-tu assez libre pour prendre la direction à laquelle te mène ce que tu perçois et si non, comment contourneras-tu le problème ? Vas-tu guider, être guidé, ou cheminerez-vous ensemble, pour quel accord ? N'être que perceptions, sensations... Explorer, analyser avec intensité, toute sa personne tendue vers ce but ; mais cela implique aussi une dépendance, une connexion troublante car extrêmement étroite avec le contexte en jeu… Quel que soit son degré de préparation, si l'environnement est trop faible ou déficient, ou encore s'il nous submerge, comment réagit-on ? Le jugement est sans appel : l'improvisation est l'heure de la fragilité absolue ; pour moi, celui de *l'heureuse surprise*. Celle où tous les sens sont à l'apogée de leur éveil. Discerner à tout prix et *produire le son*... Ma joie sans équivoque… Mais pour combien d'heures d'entraînement et de vocalises ?

Pour d'autres, nul besoin… Oui, comment ne pas admirer la grenouille Gardiner dont vivre ce processus est la nature première ?

Improviser c'est augurer

Improviser c'est augurer
Depuis le premier mot reçu et gravé
Le geste ou le son d'origine
Et l'avenir est pourtant jugé

improviser c'est penser
A la vitesse de la lumière
Voyager et transcender le temps
Et dévoiler, en un éclair, la liberté de ce qui est
Fractions et particules
Sons et vibrations
Puzzle reconstitué de connaissances éparses
Cartes redessinées en ondes et variantes

Absolus inouïs et nécessités humaines
Impératifs de cartes blanches déployées
C'est le mystère connu de toute improvisation
La lorgnette secrète, le don mutin des dieux !

NOTE 3 / POSITION

**A la profusion et au soin des sentiments,
une fois les données recueillies
Au fait de trouver sa place**

ADMIRER LE BEAU… ET TOUTES LES PERSPECTIVES

Mirabeau (1749-1791). Révolutionnaire et monarchiste, idéaliste et marchand, militant pour l'abolition de la traite négrière en plein 18ème siècle de l'esclavage (il fit partie de la Société des Amis des Noirs)[7], libertin et amoureux éperdu, fugitif et prisonnier, militaire et orateur, il trouva l'équilibre tout en surfant sur les vagues des passions… Ainsi vécut Mirabeau, héros pour certains, zéro pour d'autres, premier à entrer au Panthéon français, premier à en être exclu… Une seule certitude : il fût prince de bien des cœurs malgré son apparence atypique ; lui-même déclara : « On ne connaît pas toute la puissance de ma laideur » !

Mais de quelle laideur s'agit-il donc ?
Ni les cicatrices de petite vérole sur le visage, ni la férocité de son corps (hydrocéphalie) ou encore ses traits marqués n'auront pu l'empêcher de vivre pleinement son goût du beau : Honoré-Gabriel fût un esthète, de l'accoutrement jusqu'au

---

[7] Première association française abolitionniste, créée le 19 février 1788 pour concourir à l'abolition de la traite des noirs.

langage en passant par le raisonnement, sans complexes... Et pourtant l'homme vient de si loin... Oui, Mirabeau fait partie de ces humains qui ont transcendé leur propre vie à force de croire en leur intime ressource. Celle, authentique, tapie au fond de soi, qu'on est censé protéger, garder précieusement, que bien souvent on préfère renier en se disant : « C'est trop difficile, je ne pourrai jamais tout recommencer »...
Si, on peut.
Mirabeau a su.
Dépasser son apparence physique et son dictat.
Transcender la méconnaissance et les clans.
Ignorer les préjugés des sociétés et... Aimer, jusqu'à être condamné à mort quand la femme de sa vie, Sophie de Monnier, mariée par son père à un homme de quarante-neuf ans son aîné, se fait arrêter et enfermer parce qu'ils ont fui ensemble.

Etait-il fou de vouloir concilier les mondes ? Le député populaire du Tiers-Etat a-t-il trahi les révolutionnaires en conseillant le Roi Louis XVI en secret ? (Ces derniers décidèrent de l'expulser illico du Panthéon post mortem quand ils le découvrirent)... A-t-il trahi la Monarchie en faisant payer ses services de « consulting » avant l'heure par le roi ? Mais et nous ?
Ne saurions-nous pas que « tous les charlatans sont des commerçants mais que tous les commerçants ne sont pas des charlatans » ? [8]
Ainsi soit-il.

---

[8] Citation transmise par Yves Duhard.

Car qui, dans une même vie, aura survécu à la honte et à la persécution familiale, à la maladie, à la faillite, à la prison (plusieurs fois), au trauma de guerre, au deuil (y compris la mort de ses deux enfants), à la trahison ? Qui aura survécu à la mise au ban de la société, à la pauvreté, à l'exil, au succès, à la gloire, à la flatterie et à l'envie, qui aura échappé à la peine de mort, tout cela dans une seule existence ? (Il est décédé à 42 ans). Mirabeau.

Où qu'il repose aujourd'hui, (son corps ne fût officiellement jamais retrouvé après qu'il ait été « jeté » en fosse commune), Mirabeau parle encore quoique mort. N'est-il pas est l'un des auteurs de la Déclaration des Droits de l'Homme et du Citoyen qui changea nos vies ?

Merci Honoré-Gabriel.

« Fussé-je beau comme Adonis, j'aimerai que notre petite fille ressemble à sa maman uniquement. Sais-tu ce qu'elle fera, notre petite (car elle aura tout plein d'esprit) ? Elle prendra en nous ce qu'il y a de meilleur : chez toi, ton joli teint, ton esprit et ton caractère, ton charme inouï, tes grâces et ta beauté ; chez moi, l'immortel amour qui brûle pour toi dans mon cœur depuis toujours ; chez tous deux, le courage, la candeur, la générosité, la sensibilité, et la fidélité de notre amour : en un mot, la petite Sophie-Gabriel prendra de sa mère tout ce qui est aimable et bon,

ses qualités et ses charmes, et de son père elle lui empruntera seulement ce qui a plu à sa maman. »
Mirabeau ; Lettres à Sophie (1777-1780)

Né noble, mort révolutionnaire. Hybride. Reflet de tous les courants politiques de son époque et qui a su voler de ses propres ailes et dévorer la vie. Mirabeau comme une libellule…

Odonata[9]

Etre libellule
Transparentes
libres ailes lumière !
Naître dans l'eau
mourir sur terre
sans contrefaire
A tour de vols, de regards
Vivre pour explorer, choisir
embrasser toutes les couleurs
la tête souvent à l'envers
Sur place, en arrière
voltige ultime, danger en équilibre !
Odonata !

---

[9] En zoologie, insectes archiptères comme la libellule selon l'Encyclopædia universalis. Leur origine remonte à plus de 280 millions d'années ; les odonates (odonata) sont aquatiques à l'état larvaire et terrestres à l'état adulte ; leurs ailes antérieures et postérieures sont indépendantes et leur permettent des prouesses impossibles aux autres insectes.

LE SIMPLE FAIT D'EXISTER

Le héros n'est-il pas celui dont on se dit : « heureusement qu'il a été là ! » ? « Fallait-il qu'il naisse ! » Celui qui devait exister pour transformer la situation pour le mieux-être général…

Mais dans notre ignorance tous azimuts, savons-nous précisément qui et quel moment auront permis que nous soyons tirés d'affaire ? Humbles et limités mortels, savons-nous vraiment qui sont les véritables héros de l'histoire de notre humanité ou de notre vie personnelle ? Qui nous a sauvés sans que nous le sachions, quand ? Et saurions-nous jamais qui aurait pu s'approprier publiquement ces prouesses si jamais ces dernières avaient pu être détournées ?

Car, *que cela soit reconnu ou non*, le héros est celui qui, par son existence, a changé en mieux les choses. Il a existé, il a aimé et il a donné. Et ils sont une multitude à avoir lutté, à lutter encore, pour le meilleur de l'ensemble au quotidien. Ainsi sans les connaître de nom, sans en savoir plus sur leurs histoires ou leurs espèces, ces multiples vies héroïques sont celles que ce monde devrait remercier. Ils sont en nombre. Et selon cette

perspective, nous serions tous potentiellement descendants de ces héros mal ou méconnus…
Hors, la difficile distinction de quelques saints ne fait-elle pas de tout le reste, une masse de gens à sauver ? Une masse qui enfante. Nous nous envisagerions ainsi tous par ricochet comme des progénitures de victimes, une chaîne de perdants attendant le salut, avec l'esprit, les failles et la lâcheté qui vont avec. Pourtant…
Et si les vaillants, humbles et peu visibles, étaient depuis toujours plus nombreux que nous le pensions ? Une foule, discrète mais présente ? On pourrait envisager que la profusion puisse être celle des héros… Naître serait peut-être alors reconnu comme un acte de bravoure ! Cette pensée n'ouvrirait-elle pas le cœur à la possibilité de se surpasser, chacun à son niveau ?

J'avais 15 ans, étendue sur le lit de ma chambre, triste et contemplant placidement le plafond, quand je réalisai brusquement que lors de la mort, qui que nous soyons, nous allions vivre ces secondes de basculement dans l'absolu dans les faits, seul. J'avais beau pouvoir aimer, si l'autre était au bout du monde en agonie, qu'est-ce que je pouvais faire à part prier ? Et encore fallait-il être religieux ou croyant… Qui pouvait m'ôter ce sentiment d'impuissance sans le prétexte d'une force transcendante ? Famille, amis, connaissances, inconnus… Que pourraient-ils faire pour moi malgré leur bonne volonté dans mon périple de vie, conditionné par mes choix, et dans ma toute fin, celle où je serai face à moi-même ? Dès ce moment, je décidai que la responsabilité de mon existence m'incombait et que je ne pourrai compter sur absolument personne.

J'avais 20 ans, étudiante secrète aux souvenirs d'abus enfouis [10], mais boursière et studieuse, vivant loin de l'Afrique où j'avais grandi, quand ma mère, par un coup de téléphone rare et précieux (il n'y avait pas d'applications mobiles dédiées à l'époque et la carte téléphonique coûtait une fortune), sans le savoir, évita à la jeune universitaire que j'étais de se défénestrer. Le téléphone avait sonné, sonné et sonné encore. Elle m'avait appelé m'avait-t-elle dit, sans but précis. Elle m'avait chanté d'une petite voix tremblante une chanson d'amour, juste pour me féliciter et m'encourager avait-elle ajouté... Elle s'en était excusée !
Je sortais d'une transe… Son coup de fil venait de me sauver la vie.

Oui, nous allons partir un jour, chacun sera peut-être seul au moment clé. Mais pour l'instant nous sommes vivants. Nous aimons souvent peu ou trop, parfois malgré nous. Et nous sommes aimés, même si nous pouvons être loin de connaître la profondeur de l'affection qui nous est portée par des êtres proches ou inconnus...

---

[10] Voir la biograpghie "Du noir et blanc à la couleur - Extraits d'une vie" de Christina Goh.

Il y a ces moments où l'on expérimente le face à face avec soi-même (puisse-t-il être en sobriété) ; et puis il y a ces autres instants, imprévus, auxquels il faut laisser une chance, où on a tout simplement besoin d'autrui ; qu'on se l'avoue ou non ; où un regard, un sourire ou une attention même minimes, permettent de retrouver une route plus viable. J'ai dû apprendre, par la force des choses, à ne jamais sous-estimer la force et la valeur du sincère compliment. Quand on se retrouve, nu et exposé, quelle force incomparable ! Un manteau soyeux, confortable et parfumé qui peut vous tenir au chaud toute une vie.

Imaginons un monde où dès la seconde de sa naissance et pour le reste de son existence, l'individu serait applaudi et remercié pour être venu au monde...

Tu existes

Tu existes.
Et ton sourire est ma lumière
Ta lueur, mon repère...

Tu existes
Cette seule pensée transporte
Transcende tout, rend plus fort...

Tu existes,
Comprends-tu, nul besoin
D'en dire plus. Jamais !

Penses-tu ne pas compter ?
T'imagines-tu les dompter ?
Illusions... Et tu as tort
Tu existes avec soin, nul sort...
Une piste, c'est bien assez
C'est un mystère… N'en déplaise
Jusqu'à lire ces tendres mots
A ton aise, Ami...

Tu existes !

Renaître

Ainsi parle les Larmes de la solitude

« Longtemps décriées
Parfois louées… A tort.
Qui nous a connues ?
Qui a regardé dans notre abîme ?
Combien ont sauté dans notre puit ?
Combien ont voulu boire de notre eau
Et pourquoi perdre autant de temps ?
D'où tu te tiens, vivant, et si près de nous
Plonge le regard dans notre miroir
Et à la lumière de toi-même
Puisses tu soudre enfin ta vie
Car « Solitude » n'est qu'une formule, une clé
Pour franchir la porte de ton obstination
Pour comprendre ton unique essence
Celle qui complète ce parfum troublant
Celui d'un monde odorant que tu ignores
Ainsi, une fois que tu seras né à toi-même
Tu comprendras peut-être que rien n'est désert
Que l'absence n'est que le pas d'une danse. »

NOTE 4 / RETOURS

**Seulement après essai :
A nos regards outrés
A nos errances fortunées**

PROJECTIONS

Le dénommé paon nous-a-t-il expressément confié qu'il voulait qu'on l'admire ?

D'où lui vient donc cette réputation parmi les humains ? Celle qui fait que dès qu'on aperçoit l'oiseau, le plus souvent, on le chambre vertement : « voilà donc celui-là qui montre sa roue ! Ah, qu'il joue au fier ! »
Mais qu'en sait-on ?
Et je n'évoquerai même pas les nombreuses références littéraires, expressions et personnages pour enfants qui évoquent le paon de manière négative et lui attribuent une superficialité et un narcissisme presque sans égal…

Charles Darwin (1802 – 1882), auteur de la théorie de l'évolution, eut du fil à retordre avec cet oiseau qui perturba un temps l'application à la lettre de sa loi du plus fort[11] ; certaines croyances consacrent l'animal comme une divinité… Et quand on s'en réfère à la mythologie, le paon ne

---

[11] « Darwin écrivait ainsi, dans une lettre à un collègue : *La vue d'une plume dans la queue d'un paon, chaque fois que je l'observe, me rend malade !* » Dalila Bovet. Un paon très vantard. Cerveau & Psycho, 2013, pp.92-93. (hal-01478475).

compte que pour les formes particulières sur ses plumes, dites traces du géant Argus aux cent yeux, fidèle de la déesse Héra, épouse de Zeus, qui les lui laissa pour rendre hommage au mastodonte.

La roue du paon est pourtant et d'abord une affaire « paono-paonique »[12], entre femelles et mâles, plus si affinités... A la base, ne devrions-nous pas commencer par manifester, au besoin, notre étonnement devant ce prodige de la nature ? Et s'il fallait une projection, pour tenir compte d'une méthode que nous semblons affectionner, ne nous apprendrait-elle pas le respect et *le silence* : valeur du bouche-bée ?

---

[12] Mot inventé par l'auteur.

Dialogue avec le paon

Comme je t'admire paon
Et cette sublime roue…
Oh ? Mais !
Tes multiples yeux…
Ils me regardent !

Enfin
As-tu pu comprendre nos jeux de lumière ?
A ces lueurs, il nous est arrivé de mieux vous voir…
Apprendrez-vous seulement de vos erreurs, humains ?
Laissez-nous donc renaître
Sans juger ce qui vous échappe encore…

Apprends-moi alors !

Tu crois déjà tout savoir
Et tu m'accuses depuis toujours de ta propre vanité…
Tu ne comprends ni le soleil, ni son rayonnement
De nos plumes, nous vous avons déjà tout montré !
Suis donc ton chemin sans le voir
Et laisses nous croire en la beauté !

La fin d'un monde (poème à étages[13])

C'est la fin d'un monde
Même si tu ne l'as pas vu venir
Au cas où tu te préparais en secret
L'Apocalypse a toujours été sur mesure

Microseconde ou éternité
Lire entre les lignes, nouveau mode de vie
Mets de choix ou soupe à l'eau, qu'importe
Assure-toi juste d'éviter trop d'affliction
Hé, c'est que rien n'est comme tu l'imagines ?

Pont-levis des mémoires, nos limites appellent
Mortes envies des illusions, ainsi va l'expiration
Attention, l'inspiration suit pourtant, juste après
Djinns ou fées, personne ne viendrait t'aider

Mêle tes espoirs et vois le plus loin possible
Rions un peu des angoisses, de nos hésitations
Effets de vies passées ? Chaque jour, on renaît
On renaît par l'expérience

---

[13] Poème à forme fixe aux rimes montées crée par Christina Goh, qui se lit de manière commune (une strophe après l'autre) mais une deuxième lecture de base est possible : en priorisant la position des vers uniquement par strophe, avec la répétition du derniers vers. Deux poèmes en un.

Deuxième version

C'est la fin d'un monde
Microseconde ou éternité
Hé, c'est que rien n'est comme tu l'imagines ?
Djinns ou fées, personne ne viendrait t'aider
On renaît par l'expérience

Même si tu ne l'as pas vu venir
Lire entre les lignes, nouveau mode de vie
Pont-levis des mémoires, nos limites au scalpel
Mêle tes espoirs et vois le plus loin possible
On renaît par l'expérience

Au cas où tu te préparais en secret
Mets de choix ou soupe à l'eau, qu'importe
Mortes envies des illusions, ainsi va l'expiration
Rions un peu des angoisses, de nos hésitations
On renaît par l'expérience

L'Apocalypse a toujours été sur mesure
Assure-toi juste d'éviter trop d'affliction
Attention, l'inspiration suit pourtant, juste après
Effets de vies passées ? Chaque jour, on renaît
On renaît par l'expérience

L'INFINIMENT PETIT EST
L'INFINIMENT GRAND

« L'azote dans notre ADN, le calcium de nos dents, le fer dans le sang, le carbone dans nos tartes aux pommes ont été faits à l'intérieur d'étoiles qui se sont effondrées. Nous sommes faits de poussières d'étoiles. »
Carl Sagan (1934 – 1996), cosmologiste, astrophysicien comptant parmi les fondateurs de l'exobiologie.

« Il ne s'agit pas seulement d'étoiles qui s'effondrent, mais aussi d'étoiles qui fusionnent, d'étoiles qui rotent, d'étoiles qui explosent et du début de l'Univers lui-même. »
Jennifer Johnson, astrophysicienne américaine, co-auteure du graphique sur l'origine des éléments du système solaire. Extrait tiré du blog Science Blog From The SDSS.

Les éléments qui nous composent sont des tissus vivants de molécules. Ces dernières sont constituées de quelque sept milliards de milliards de milliards d'atomes de carbone, d'oxygène, de fer, d'azote, de calcium. Quatre-vingt-dix-sept pour cent d'entre eux sont d'origine stellaire (fabriqués au cœur des étoiles). Ce sont ces mêmes atomes que l'on retrouve dans les arbres, les fleurs et tous les animaux.

Si les scientifiques s'accordent à dire que nous sommes poussières d'étoiles, le vivons-nous dans notre expérience au quotidien ? Voyons-nous cet universel dans notre intimité ? Pourtant, tout nous l'évoque…

Reviendrai-je sur le sel de notre sueur qui se fond dans celui des mers ? Comment ne pas entendre le bruit de ces vagues de sang, celles de l'intérieur de notre corps, quand on porte à notre oreille ce grand coquillage issu de l'océan ? Et ce feu intérieur qui nous traverse en continu et nous rend conducteur, une vérité qui nous tient loin de nos lignes à haute tension, des orages et de ses tonnerres… Poussières du désert, celle du vent ou des étoiles… Oui, l'infiniment petit et l'infiniment grand semblent se fondre l'un dans l'autre. Comment compter les grains de sable, nombreux, comme ces points lumineux lointains, ces galaxies répertoriés par nos engins ? Oui, un monde dont nous ne connaissons ni le commencement ni la fin, et pour quelle échelle de grandeur ? Oui, j'ai toujours été admirative de l'immense étendue de mon ignorance. J'y trouve toujours une source inépuisable d'humilité quand je me laisse aller à l'illusion de maîtriser quoi que ce soit.

***

Combien sont-ils ces scientifiques, qui grâce à leurs travaux, nous démontrent à quel point le

mot « universel » est beaucoup plus qu'une théorie ?
Si nous voyions le monde sous la perspective de molécules, en tout souci de l'autre, ferions-nous encore des fixations sur les « races », les genres ?

« Il y avait dans Alexandrie une femme nommée Hypatie, fille du Philosophe Théon, qui avait fait un si grand progrès dans les sciences qu'elle surpassait tous les Philosophes de son temps, et enseignait dans l'école de Platon et de Plotin, un nombre presque infini de personnes, qui accouraient en foule pour l'écouter. Grâce à son contrôle d'elle-même et à la facilité avec laquelle elle avait développé la culture de son esprit, elle n'hésitait pas à fréquemment apparaître en public, en présence des magistrats. Elle ne se sentait pas non plus décontenancée à l'idée de se rendre à une assemblée d'hommes, ce qu'elle faisait toujours, sans perdre sa pudeur, ni sa modestie, qui lui attiraient le respect de tout le monde. »
Socrate le Scolastique (380 – 440), Histoire Ecclésiastique.

Hypatie d'Alexandrie (350–370 ; 415), philosophe, mathématicienne, astronome de l'Antiquité, fût une vulgarisatrice scientifique avant l'heure, assassinée et mise en pièces par des fanatiques. Sa vie atypique pour son époque, son célibat choisi et sa passion pour la pédagogie faisaient peur. Pourtant, la violence n'aura pas eu le dernier mot... Ce monde d'aujourd'hui, où la connaissance est de plus en plus accessible au plus grand nombre, où les nouvelles technologies et l'exploration spatiale font partie de notre quotidien correspond si bien à l'enseignement grand public de la scientifique ! Je suis fascinée. Comme je suis reconnaissante de vivre cette ère : le principe des encyclopédies en ligne... Et tous ces sites, tous ces chroniqueurs spécialisés sur applications mobiles qui rendent disponible, où qu'on soit, le savoir !

Je veux m'attarder sur cette formidable opportunité de pouvoir parcourir gratuitement, une fois qu'on est connecté, des dictionnaires et ouvrages de référence qui, il y a deux décennies à peine, étaient financièrement inabordables ! Oui, apprendre à lire, traduire une langue, est plus facile de nos jours. Assister à une visioconférence d'astronomes issus de centres de recherches, c'est possible aussi ! Ou encore, vivre en direct les aventures du saisonnier des vignes du village, consulter les vlogs de ce jeune autiste, de cette passionnée d'esthétique et de nutrition ou de cet astronaute en action, qui partagent les difficultés de leur quotidien ou leurs découvertes... Pépites ! La chasse au trésor est toujours actuelle. Sauf que dans ce XXIème siècle, la fortune du savoir est accessible et tout un chacun peut aujourd'hui disposer des informations pour y parvenir, s'il le souhaite et via une application de géolocalisation. A nous de préserver la beauté de cet espace virtuel. La grande bibliothèque du monde tant aimée par Hypatie, celle qu'elle voulait offrir au plus grand nombre est à nous, en un clic !

Chant pour Hypatie d'Alexandrie

Indélébile,
On l'a cru si fragile
De l'oubli elle triomphe
Raison jubile…

Des myriades, elle déclinait le nombre
Jusqu'aux étoiles, explorait les mondes
L'esthétique devenu sonde
de l'âme, de sa pénombre
Poésie devenu sonde
de la lumière, de l'ombre
On l'a cru si fragile…

Précieuse, l'encre coule de ses mains
dans les archives, elle comptait nos voies
Dans l'Alexandrie des lois
seul un livre au creux des seins
maïeutique comble de joie
L'intellect est mère !
Indélébile…
On l'a cru si fragile
De l'oubli elle triomphe
Raison jubile…

Des nébuleuses, elle dénombrait des lendemains
jusqu'aux étoiles, explorait les mondes
La violence n'est pas la fin
rien ne ceint la force de l'onde
Le silence n'est pas une fin
Nous, on explore les mondes
Les mondes…

SANS L'AMERTUME

A la base, l'intellectuel est un individu qui a un goût prononcé pour les choses de l'esprit selon l'une des définitions du dictionnaire Le Robert. Aimer lire, analyser, pour la joie ou dans le but de transmettre l'information spécialisée à celui qui n'a pas cette inclination, mais qui souhaite en savoir un peu plus, quel partage !

Les temps peuvent être difficiles, mais à quel moment exactement l'intellectuel, fébrile, devient-il aigri au point d'utiliser ses connaissances pour manipuler autrui, pour équilibrer ses comptes et assurer son confort ? Convaincu de ses propres raisonnements, quand commence-t-il à désirer une société à son image ? La vocation ne suffirait donc pas ?

Découvrir le monumental Joseph Schumpeter[14] (1883-1950) et sa théorie de la destruction créatrice (1942) a suscité en moi quelque étrange réflexion.

---

[14] "Joseph Schumpeter occupe une place à part dans la pensée économique. Reprenant les analyses sur les cycles économiques, il avance l'hypothèse de cycles longs (un demi-siècle), avec l'entrepreneur innovant, plus capitalrisqueur

Pour rappel, selon cette théorie, la croissance est un processus permanent de création, de destruction et de restructuration des activités économiques. En effet, « Le nouveau ne sort pas de l'ancien, mais apparaît à côté de l'ancien, lui fait concurrence jusqu'à le ruiner. »[15]. Ce processus de destruction créatrice est à l'origine des fluctuations économiques sous forme de cycles selon Schumpeter. Coexistences évolutives et monde constamment pluriel avec différentes alternances en cours pour chaque domaine concerné...

Dans cette analyse poussée et détaillée sur laquelle il m'est impossible de revenir (il vaut mieux s'abreuver à la source, surtout quand elle est économique), un élément a particulièrement retenu mon attention : le dysfonctionnement puis la fin tragique envisagée du capitalisme avec la contribution significative des intellectuels !

Les intellectuels décrits par Joseph Schumpeter (lui-même fort érudit au demeurant) :

« Cependant les honneurs et les émoluments peuvent être obtenus par des procédés divers. L'obséquiosité et la flatterie sont souvent moins fructueuses que l'arrogance et l'insulte...

---

qu'investisseur calculateur, au cœur de la dynamique de croissance." *Jacques Mistral, membre du Cercle des économistes.*
[15] Capitalisme, socialisme, democratie (1942), joseph schumpeter (trad. gael fain), édition payot, 1951, p. 40.

…Le groupe intellectuel ne peut se retenir de grignoter, car il vit de ses critiques et il ne peut affirmer sa position qu'à coup de banderilles… La critique au jour le jour des personnes et des événements doit, dans une société où rien n'est plus tabou, fatalement dégénérer en critique des classes et des institutions.

…Qu'il y avait ou non chômage des intellectuels, leur multiplication donne naissance à des conditions d'emploi peu satisfaisantes – affectation à des travaux inférieurs ou salaires moins élevées que ceux des ouvriers les mieux rémunérés…
Il me suffira de répéter que le rôle du groupe intellectuel consiste primordialement à stimuler, activer, exprimer et organiser les sujets de mécontentement et, accessoirement seulement, à en ajouter de nouveaux…

…Les intellectuels deviennent rarement des politiciens professionnels et ils occupent plus rarement encore des postes de responsabilité. En revanche, ils peuplent les bureaux des partis, rédigent leurs pamphlets et discours politiques, agissent en qualité de secrétaires et de conseillers, font aux hommes politiques leur réputation de presse, ce dont, bien qu'elle ne soit pas tout, peu de ces derniers peuvent se passer. Par toutes ces interventions les intellectuels impriment, jusqu'à un certain point, leur cachet sur presque toutes les mesures politiques… »

Ces lignes sont extraites de Capitalisme, socialisme et démocratie, de Joseph Schumpeter (chapitre 13, II).

J'ai imaginé sur la base de ces propos, un monde où tous les professionnels de sport, en nombre et déconsidérés, inviteraient constamment tout un chacun à des exploits sportifs quotidiens et mépriseraient les moins doués, s'activeraient pour que ces derniers soient relégués au plus bas de la société, tout en se faisant porte-parole de leur mal-être. Puis ils appelleraient, sans se dévoiler, à une révolution du peuple, trop peu musclé selon leurs arguments, afin d'instaurer le sport pour tous, et rentrer dans leurs fonds !

Sportif, selon l'imaginaire précédemment décliné, ou intellectuel... Et frustré ? Il est aussi possible de changer de carrière (au lieu de changer l'univers) ou d'innover... A-t-on considéré cette possibilité ?
« Ne pouvant régler les événements, je me règle moi-même. » écrivit Michel de Montaigne (1533 – 1592) dans ses Essais.
Puissent les enfants de l'Intellect être sans amertume !

Au sortir de cette curieuse épopée abstraite, j'ai été heureuse d'allumer la télévision et la radio tant qu'à faire, juste pour me détendre. J'ai aussi fait un tour sur l'Internet et ses réseaux sociaux, entre deux ballades dans la nature, pour redécouvrir avec un plaisir renouvelé toutes ces innovations présentées par des entrepreneurs, spécialistes de leurs domaines respectifs. Textes ou images… Virtuel ou réel… Joie des équilibres de nos vies ! Pourquoi toutes les expertises devraient-elles se ressembler ? Pourquoi aurait-on peur ? Depuis quand un seul neurone, aussi puissant et développé soit-il, et lui-même composé, peut-il remplacer un corps entier constitué de tant d'organes censés travailler ensemble ? N'est-ce pas le principe basique d'une marche ? Se coordonner pour faire bouger un membre après l'autre… Souhaitons-nous avancer ?

Et découvrant avec joie les multiples buffets préparés par les dieux du stade et autres génies de la terre et des champs, des sciences humaines… Ou pas, des techniques et de l'artisanat ; par les enfants des muses, par les « geeks » des vallées de technologies, les immortels des académies littéraires et économiques, goûtons un peu de tout voulez-vous ?

Innovation. Ode à Joseph Schumpeter

« Comprendre le déséquilibre
Pour qu'il se transforme
Et à chaque équilibre
Un rêve au lieu d'un repos
Une question pour un silence

Balancier

Tracer, trier, pionnier
Isolé, enlisé, délivré
Serendipité[16], mieux respirer...
Même la fin est une métamorphose

Et de cycles en cycles
D'avancées en avancées
De pulsations en pulsations
Chaque partie de l'être
Appelle
Et
Où qu'il vibre dans le corps
Notre souffle en témoigne
Jusqu'à faire vibrer
Tout l'intérieur
A faire trembler
L'extérieur

C'est la danse du balancier

---

[16] Capacité, aptitude à faire par hasard une découverte inattendue et à en saisir l'utilité (scientifique, pratique). D'après le dictionnaire Le Robert.

Inégalité…
Comprendre le déséquilibre
Pour qu'il se transforme
Et à chaque équilibre
Un rêve au lieu d'un repos
Une question pour un silence
Car toute évidence est une illusion. »

Ainsi parle l'innovation

NOTE 5 / PERSPECTIVES

Aux alliances inattendues
Aux joies vécues

MONDES, AU PLURIEL

« Plurale tantum » veut dire en latin : uniquement au pluriel. Ce sont ces mots en grammaire qui n'existent qu'à la forme plurielle, tels « lunettes » ou encore « gens »...

Formé d'éléments multiples. C'est ce que me semble ce monde où nous vivons. Et de ce fait, serai-je submergée par le nombre incroyable d'êtres qui foisonnent à tous les niveaux de ce qui est connu par notre espèce ? Serai-je ravagée par le poids d'une solitude propre à la réalisation de l'exceptionnelle richesse du caractère unique de nos sensibilités ? Non. Plus maintenant. Plurale tantum ! C'est une nature.

Nous sommes bien à l'image de cette « planète – mondes » que nous appelons la terre : le simple fait d'ouvrir les yeux chaque matin nécessite une pluralité inouïe de fonctions opérées en simultané, par une kyrielle d'organes dont nous ne soupçonnons même pas l'existence, pour prendre en compte plusieurs échelles de perceptions toutes aussi mal ou peu connues... Je m'inscris donc simplement et sérieusement dans une perspective disposée au jeu d'alliances, ne serait-ce qu'en accordant mes opinions et mes expériences, en m'alliant à mon environnement… Délices de la cohérence !

Dans cette entreprise à priori naturelle mais exigeante, suis-je prête à une négociation constante qui impliquerait de gagner mais aussi de perdre ?

Oui. J'ai appris et exploité ce concept dès la naissance, et à la dure, grâce à un contrat de taille, celui établi entre mon corps et l'air. Grossièrement et selon les termes de ce dernier, en inspirant (gains) et en expirant (investissements). Depuis, j'ai passé ma vie à négocier sans le savoir chaque étape de mon développement. Dans cette admirable pluralité d'activités, de traités avec moi-même et aves les autres (humains, autres espèces, éléments), j'ai même eu parfois le luxe de pouvoir privilégier certaines alliances… Parfois, il y a aussi la joie incomparable de voir naître des accords exceptionnels…

A nos mondes !

Le fauve et l'enfant

La liberté et l'innocence
convoitises absolues
fantasmes trafiqués
elixir et nouveau graal

Puissance et fragilité
mises en cage
Parcs de luxe
pour appétits d'ogres

Loin des combinards
s'écrit une autre histoire
où le fauve et l'enfant
rient et marchent ensemble

Stupéfaction ou soulagement ?
Que cela puisse se savoir
le pouvoir et la simplesse[17]
font parfois alliance

---

[17] Simplicité naturelle, ingénuité accompagnée de douceur et de facilité selon le dictionnaire de l'Académie Française.

TABLE DES MATIERES

NOTE 1 / CADRE 9
POINT DE SITUATION 2021 11
NOTE 2 / SENS 17
LA VERVE.. 19
ENTENDRE PAR LA BOUCHE 25
NOTE 3 / POSITION 29
ADMIRER LE BEAU... ET TOUTES LES PERSPECTIVES... 31
LE SIMPLE FAIT D'EXISTER 37
NOTE 4 / RETOURS.. 43
PROJECTIONS... 45
L'INFINIMENT PETIT EST L'INFINIMENT GRAND......... 51
SANS L'AMERTUME 57
NOTE 5 / PERSPECTIVES.. 65
MONDES, AU PLURIEL 67

Quelques mots sur l'auteure

Christina Goh est une vocaliste de blues, écrivaine française d'origine ivoiro-martiniquaise, à l'univers artistique pluridisciplinaire. Auteure d'une technique vocale pour accompagner les percussions à haute portée, l'auteure-compositrice est également membre du Conseil d'Administration de l'Association Française pour la Percussion.

Nominée aux IMA USA pour son éclectisme, membre du jury des 15èmes Independent Music Awards USA, l'essayiste et poétesse a vu plusieurs de ses oeuvres, être publiées dans des anthologies internationales et dans la revue mondiale de la francophonie Mondes Francophones.

Christina Goh est l'initiatrice du concours international de poésie La Différence et du site intersectoriel pour la prévention du suicide UT FORTIS.

L'univers musical et poétique de Christina Goh : www.christinagoh.com

La forme poétique à forme fixe crée par Christina Goh et un fil directeur…

ANCRE (Poèmes à étages)

Toit invisible de l'union des âges,
Toi seul connais le chant des silences…
Ton regard manque sans qu'on le sache…

Le tournant annoncé dans la littérature de Goh : lyrisme, codes et symboles pour parler de l'ancre ultime : le corps, génétiquement "toit invisible de l'union des âges". Un hommage à la gravité, le terme étant pris au sens propre comme au sens figuré.

Christina Goh
ISBN 978-1657296213
Couverture souple, 56 pages

FORTITUDE
(Poèmes et cheminement avec la vaillance)
Nouvelle édition

Nos souffles sont déjà mêlés...
Je te respire désormais,
Le néant s'efface.

Dans la nouvelle édition d'un de ses recueils les plus populaires, Christina Goh reste fidèle à sa plume intrusive et nous offre une analyse poétique troublante de la fortitude.

Christina Goh
ISBN 978-2322221851
Couverture souple, 68 pages